Impressum
Verlag: BABADADA GmbH, Nedderfeld 112 , 22529 Hamburg
Geschäftsführer / Verlagsleitung: Harald Hof
Druck: Books on Demand GmbH, In de Tarpen 42, 22848 Norderstedt

Imprint
Publisher: BABADADA GmbH, Nedderfeld 112 , 22529 Hamburg, Germany
Managing Director / Publishing direction: Harald Hof
Print: Books on Demand GmbH, In de Tarpen 42, 22848 Norderstedt, Germany

1

kool

مدرسه

klassiruum
کلاس درس
jagama
تقسیم کردن
186/2
tahvel
تخته
koolihoov
õpetaja
معلم
paber
کاغذ
kirjutama
نوشتن
pastapliiats
خودکار
kirjutuslaud
میز تحریر
joonlaud
خط کش
raamat
کتاب
õpilane
دانش آموز

koolikott
کیف مدرسه

pinal
جامدادی

harilik pliiats
مداد

pliiatsiteritaja
تراش

kustukumm
پاک کن

joonistusplokk
دفتر رسم

joonistus

طراحی

pintsel

قلم مو

värvikarp

جعبه ی آبرنگ

käärid

قیچی

liim

چسب

töövihik

کتاب تمرین

kodutöö

تکلیف خانه

number

رقم

liitma

جمع کردن

lahutama

تفریق کردن

korrutama

ضرب کردن

arvutama

محاسبه کردن

täht

حرف الفبا

tähestik

الفبا

sõna

کلمه

tekst

متن

lugema

خواندن

kriit

گچ

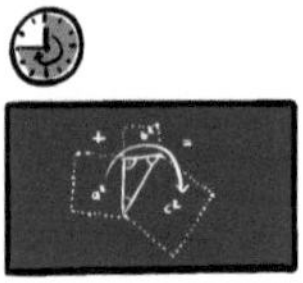

koolitund

درس

klassipäevik

ثبت نام

eksam

امتحان

tunnistus

مدرک رسمی

koolivorm

لباس مدرسه

haridus

تحصیلات

entsüklopeedia

دانشنامه

ülikool

دانشگاه

mikroskoop

میکروسکوپ

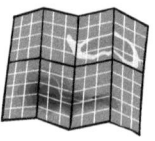

kaart

نقشه

paberikorv

سبد کاغذ باطله

reisimine

سفر

hotell
هتل
hostel
مسافرخانه
valuutavahetuspunkt
صرافی
kohver
چمدان
auto
اتومبیل

keel
زبان

jah / ei
بله / خیر

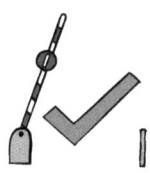

okei
اکی

Tere!
سلام

tõlk
مترجم

Aitäh!
ممنون

Kui palju maksab …?

قیمت ... چه قدر است؟

Ma ei saa aru

من متوجه نمی شوم

probleem

مشکل

Tere õhtust!

عصر بخیر! / شب بخیر!

Tere hommikust!

صبح بخیر!

Head ööd!

شب بخیر!

Head aega!

خدانگهدار

suund

جهت

pagas

بار سفر

kott

کیف

seljakott

کوله پشتی

külaline

مهمان

tuba

اتاق

magamiskott

کیسه خواب

telk

خیمه

turismiinfo

مرکز راهنمای گردشگران

rand

ساحل

krediitkaart

کارت اعتباری

hommikusöök

صبحانه

lõunasöök

نهار

õhtusöök

شام

pilet

بلیط

lift

آسانسور

postmark

مهر

riigipiir

مرز

toll

گمرک

saatkond

سفارتخانه

viisa

ویزا

pass

گذرنامه

transport
حمل و نقل

lennuk
هواپیما
laev
کشتی
tuletõrjeauto
ماشین آتش نشانی
buss
اتوبوس
veoauto
کامیون
mootorpaat
قایق موتوری
jalgratas
دوچرخه
auto
اتومبیل

praam
کشتی مسافربری

paat
قایق

mootorratas
موتورسیکلت

politseiauto
ماشین پلیس

võidusõiduauto
ماشین مسابقه

rendiauto
ماشین کرایه ای

ühisauto

به اشتراک گذاری اتوموبیل

puksiirauto

جرثقیل

prügiauto

ماشین حمل زباله

mootor

موتور

kütus

بنزین

tankla

پمپ بنزین

liiklusmärk

تابلو راهنمایی و رانندگی

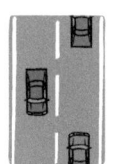

liiklus

عبور و مرور

liiklusummik

ترافیک

parkla

پارکینگ

raudteejaam

ایستگاه قطار

rööpad

ریل راه آهن

rong

قطار

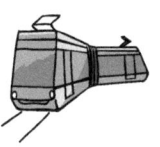

tramm

قطار برقی

vagun

واگن

helikopter

هلیکوپتر

lennujaam

فرودگاه

torn

برج

reisija

مسافر

konteiner

کانتینر

pappkast

کارتن

käru

گاری

korv

سبد

õhku tõusma / maanduma

به پرواز درآمدن / فرود آمدن

linn

شهر

küla

دهکده

kesklinn

مرکز شهر

maja

خانه

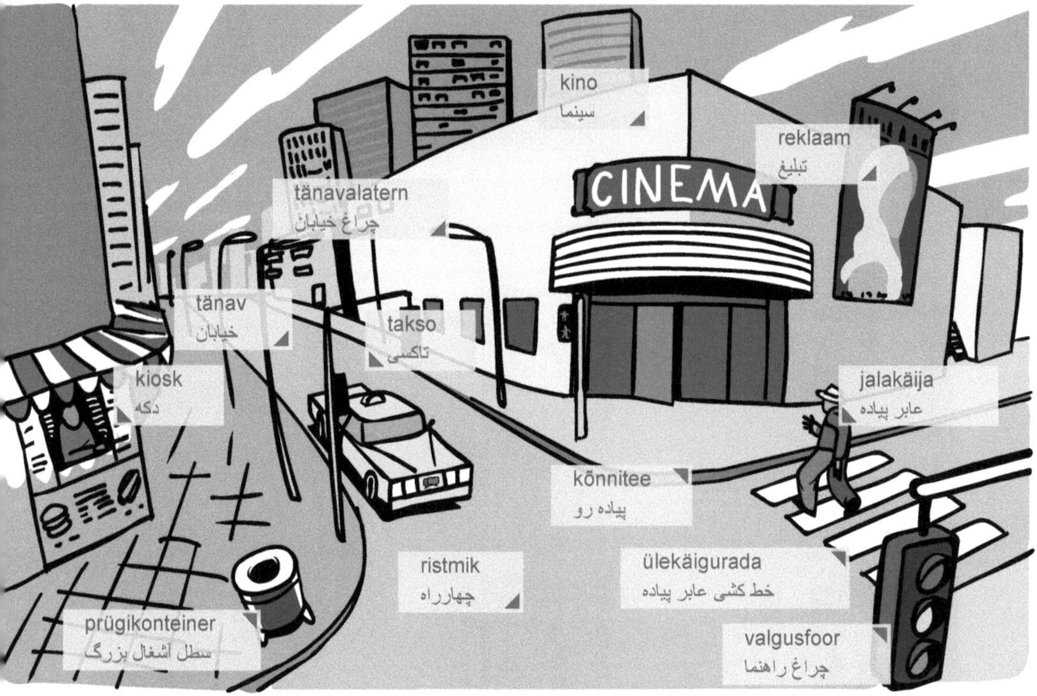

kino / سینما

reklaam / تبلیغ

tänavalatern / چراغ خیابان

CINEMA

tänav / خیابان

takso / تاکسی

kiosk / دکه

jalakäija / عابر پیاده

kõnnitee / پیاده رو

ristmik / چهارراه

ülekäigurada / خط کشی عابر پیاده

prügikonteiner / سطل آشغال بزرگ

valgusfoor / چراغ راهنما

osmik

كلبه

kortermaja

آپارتمان

raudteejaam

ایستگاه قطار

raekoda

ساختمان شهرداری

muuseum

موزه

kool

مدرسه

ülikool

دانشگاه

pank

بانک

haigla

بیمارستان

hotell

هتل

apteek

داروخانه

kontor

اداره

raamatupood

کتابفروشی

kauplus

مغازه

lillepood

گل فروشی

supermarket

سوپرمارکت

turg

بازار

kaubamaja

فروشگاه بزرگ

kalapood

ماهی فروش

kaubanduskeskus

مرکز خرید

sadam

بندر

park

پارک

pink

نیمکت

sild

پل

trepp

پله

metroo

مترو

tunnel

تونل

bussipeatus

ایستگاه اتوبوس

baar

میخانه

restoran

رستوران

postkast

صندوق پست

tänavasilt

تابلوی خیابان

parkimisautomaat

دستگاه پارکومتر

loomaaed

باغ وحش

ujula

استخر شنای عمومی

mošee

مسجد

talu

مزرعه

reostus

آلودگی محیط زیست

surnuaed

قبرستان

kirik

کلیسا

mänguväljak

زمین بازی

tempel

معبد

maastik

چشم انداز

leht
برگ

teeviit
تابلوی راهنمای مسیر

tee
راه

aas
چمنزار

kivi
سنگ

puu
درخت

matkaja
راه نورد

jõgi
رودخانه

rohi
چمن

lill
گل

org
....
دره

mägi
....
تپه

järv
....
دریاچه

mets
....
جنگل

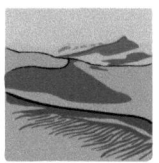

kõrb
....
بیابان

vulkaan
....
کوه آتشفشان

linnus
....
قلعه

vikerkaar
....
رنگین کمان

seen
....
قارچ

palm
....
درخت نخل

sääsk
....
پشه

kärbes
....
مگس

sipelgas
....
مورچه

mesilane
....
زنبور

ämblik
....
عنکبوت

mardikas

سوسک

konn

قورباغه

orav

سنجاب

siil

جوجه تیغی

jänes

خرگوش صحرایی

öökull

جغد

lind

پرنده

luik

قو

metssiga

گراز

hirv

گوزن نر

põder

گوزن شمالی

pais

سد آب

tuuleturbiin

توربین بادی

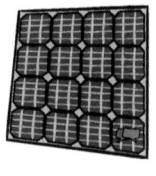

päikesepaneel

صفحه ی خورشیدی

kliima

آب و هوا

restoran
رستوران

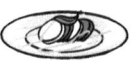

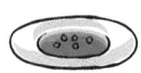

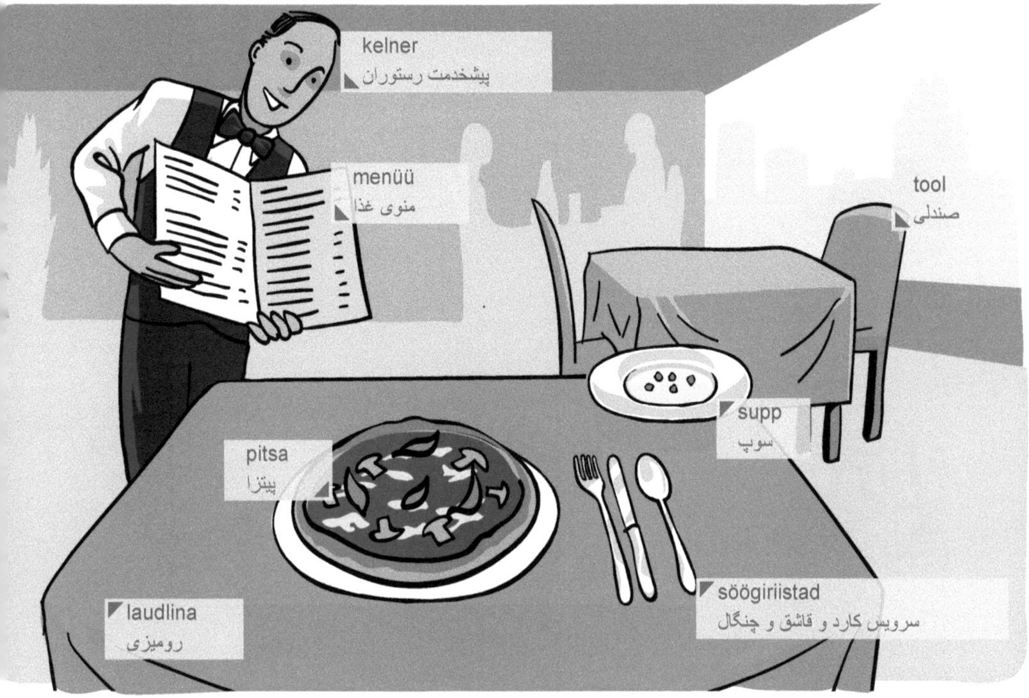
kelner
پیشخدمت رستوران
menüü
منوی غذا
tool
صندلی
supp
سوپ
pitsa
پیتزا
söögiriistad
سرویس کارد و قاشق و چنگال
laudlina
رومیزی

eelroog
پیش‌غذا

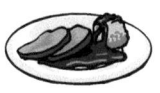

pearoog
غذای اصلی

magustoit
دسر

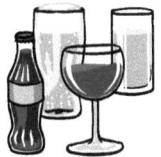

joogid
نوشیدنی ها

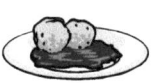

toit
غذا

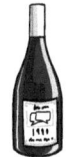

pudel
بطری

kiirtoit

فست فود

tänavatoit

اغذیه خیابانی

teekann

قوری

suhkrutoos

قندان

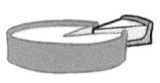

portsjon

پُرس غذا

espressomasin

دستگاه اسپرسو

lastetool

صندلی پایه بلند غذاخوری بچه

arve

صورتحساب

kandik

سینی

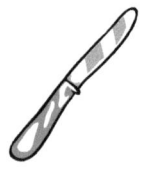

nuga

چاقو

kahvel

چنگال

lusikas

قاشق

teelusikas

قاشق چایخوری

salvrätik

دستمال سفره

klaas

لیوان

restoran - رستوران

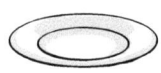

taldrik

بشقاب

supitaldrik

بشقاب سوپخوری

alustass

نعلبکی

kaste

سس

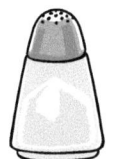

soolatoos

نمکدان

pipraveski

فلفل ساب

äädikas

سرکه

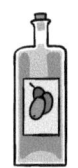

õli

روغن خوراکی

vürtsid

ادویه جات

ketšup

سس کچاپ

sinep

سس خردل

majonees

سس مایونز

supermarket

سوپرمارکت

eripakkumine
پیشنهاد ویژه
klient
مشتری
piimatooted
لبنیات
puuviljad
میوه جات
ostukäru
چرخ دستی خرید

lihapood

قصابی

pagariäri

نانوایی

kaaluma

وزن کردن

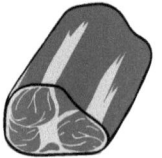

köögiviljad

سبزیجات

liha

گوشت

külmutatud toit

غذای منجمد

lihalõigud

مخلوطی از انواع کالباس یا پنیر که
ورقه ای بریده شده باشند

konservid

غذای کنسروی

pesupulber

پودر لباسشویی

maiustused

شیرینی جات

majatarbed

لوازم خانگی

puhastustooted

ماده شوینده و پاک کننده

müüja

فروشنده

kassaaparaat

صندوق پرداخت

kassapidaja

صندوقدار

ostunimekiri

لیست خرید

lahtiolekuajad

ساعات کار

rahakott

کیف پول

krediitkaart

کارت اعتباری

kott

کیف

kilekott

کیسه ی پلاستیکی

joogid

نوشیدنی ها

vesi

آب

mahl

آبمیوه

piim

شیر

koola

نوشابه کوکاکولا

vein

شراب

õlu

آبجو

alkohol

الکل

kakao

کاکائو

tee

چای

kohv

قهوه

espresso

قهوه اسپرسو

cappuccino

کاپوچینو

banaan

موز

õun

سیب

apelsin

پرتقال

arbuus

انواع هندوانه و خربزه

sidrun

لیمو

porgand

هویج

küüslauk

سیر

bambus

نی بامبو

sibul

پیاز

seen

قارچ

pähklid

آجیل

nuudlid

ماکارونی

spagetid

اسپاگتی

riis

برنج

salat

سالاد

friikartulid

سیب زمینی سرخ کرده

praekartulid

سیب زمینی سرخ شده

pitsa

پیتزا

hamburger

همبرگر

võileib

ساندویچ

šnitsel

شنیتسل

sink

ژامبون خوک

salaami

سالامی

vorst

سوسیس

kana

مرغ

praeliha

نوعی گوشت سرخ شده

kala

ماهی

toit - غذا

kaerahelbed

جوی پرک شده

müsli

نوعی صبحانه مخلوطی از برگه ذرت و
میوه های خشک شده و خشکبار که
معمولا با شیر خورده می شود

maisihelbed

کورن‌فلکس

jahu

آرد

sarvesai

کرواسان

kukkel

نان بروتشن

leib

نان

röstsai

نان تست

küpsised

بیسکویت

või

کره

kohupiim

کشک

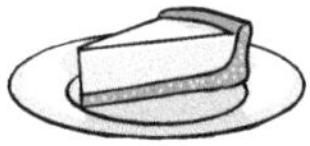

kook

کیک

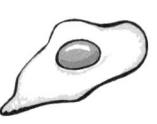

muna

تخم مرغ

praemuna

تخم مرغ نیمرو

juust

پنیر

jäätis

بستنی

suhkur

شکر

mesi

عسل

moos

مربا

pähklivõie

کرم شکلاتی بادامی

karri

ادویه کاری

talu
مزرعه

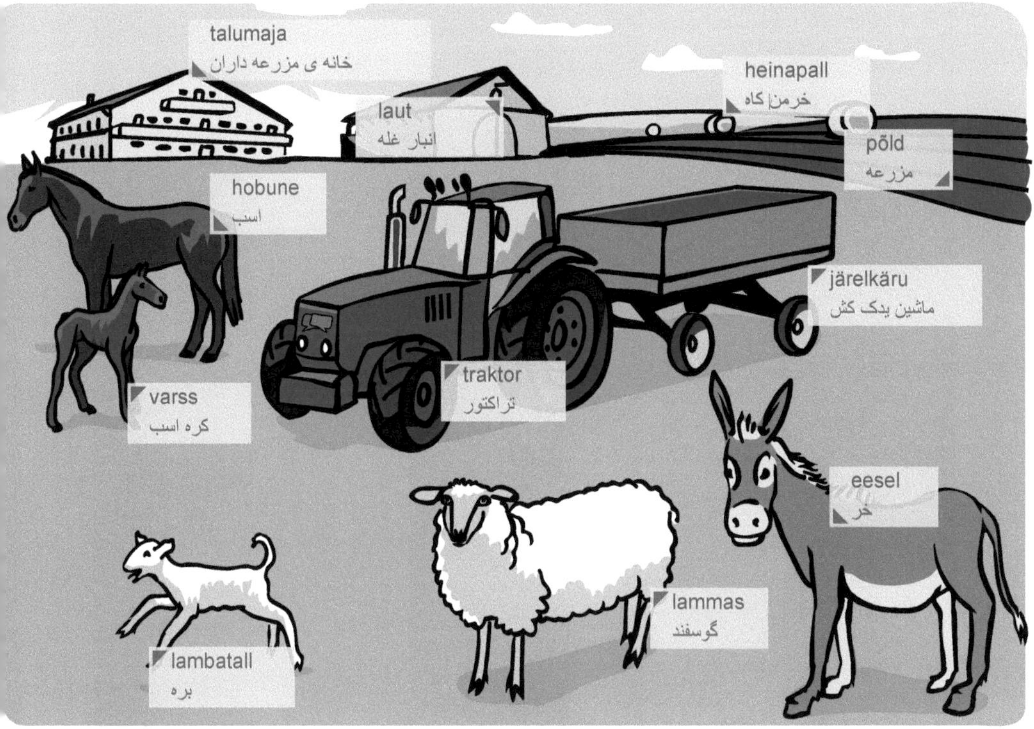
talumaja
خانه ی مزرعه داران
laut
انبار غله
heinapall
خرمن‌گاه
põld
مزرعه
hobune
اسب
järelkäru
ماشین یدک کش
traktor
تراکتور
varss
کره اسب
eesel
خر
lammas
گوسفند
lambatall
بره

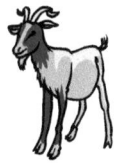

kits
بز

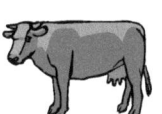

lehm
گاو ماده

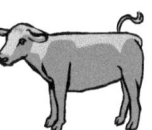

vasikas
گوساله

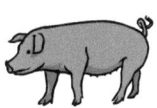

siga
خوک

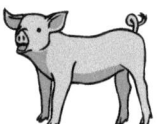

põrsas
بچه خوک

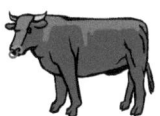

pull
گاو نر

hani

غاز

part

اردک

tibu

جوجه

kana

مرغ

kukk

خروس

rott

موش صحرایی

kass

گربه

hiir

موش

härg

گاو نر اخته

koer

سگ

koerakuut

لانه ی سگ

aiavoolik

شلنگ باغبانی

kastekann

آبپاش

vikat

داس دسته بلند

ader

گاوآهن

sirp

داس

kõblas

کج بیل

hang

چنگک باغبانی

kirves

تبر

käru

فرقون

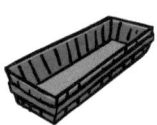

küna

آبشخور

piimanõu

بطری نگهداری شیر

kott

کیسه

tara

حصار

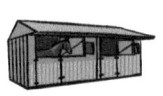

tall

اصطبل

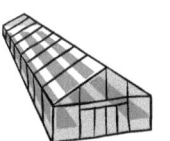

kasvuhoone

گلخانه

muld

خاک

seeme

بذر

väetis

کود

kombain

ماشین کمباین

saaki koristama

برداشت کردن محصول

saagikoristus

محصول

jamss

تمیس

nisu

گندم

soja

سویا

kartul

سیب زمینی

mais

ذرت

raps

کلزا

viljapuu

درخت میوه

maniokk

گیاه مانیوک

teravili

غلات

maja
خانه

korsten
دودکش
katus
پشت بام
vihmaveetoru
ناودان
aken
پنجره
garaaž
گاراژ
uksekell
زنگ در
uks
در
prügikast
سطل آشغال
postkast
صندوق مراسلات
aed
باغ

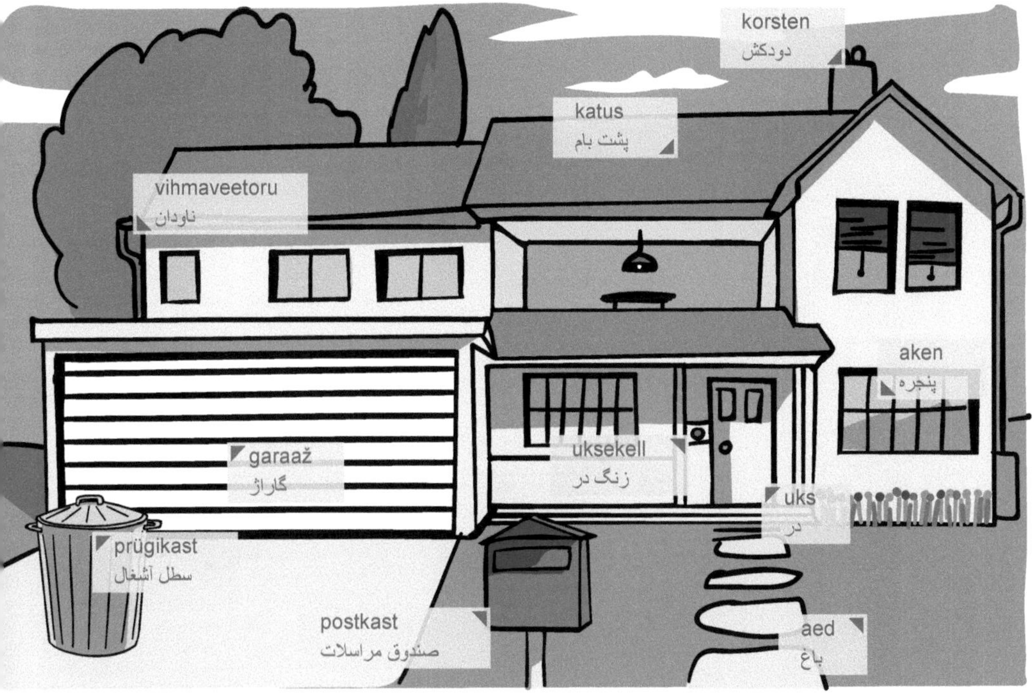

elutuba

اتاق نشیمن

vannituba

حمام

köök

آشپزخانه

magamistuba

اتاق خواب

lastetuba

اتاق بچه

söögituba

ناهارخوری

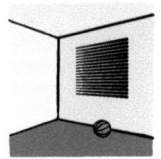

põrand

کف زمین

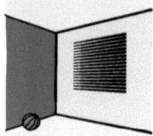

sein

دیوار

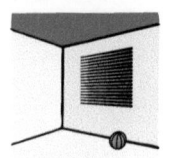

lagi

سقف

kelder

زیرزمین

saun

سونا

rõdu

بالکن

terrass

تراس

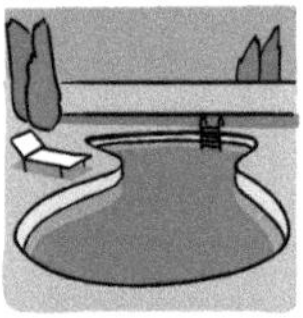

bassein

استخر

muruniiduk

ماشین چمنزنی

voodilina

ملافه

päevatekk

روتختی

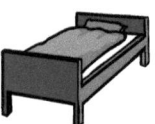

voodi

تخت خواب

luud

جارو

ämber

سطل

lüliti

سویچ یا کلید

elutuba
اتاق نشیمن

tapeet
کاغذ دیواری
pilt
عکس
lamp
لامپ
riiul
قفسه
kapp
کابینت
televiisor
تلویزیون
kamin
شومینه
lill
گل
padi
کوسن
diivan
کاناپه
vaas
گلدان
kaugjuhtimispult
کنترل تلویزیون و ویدئو و غیره

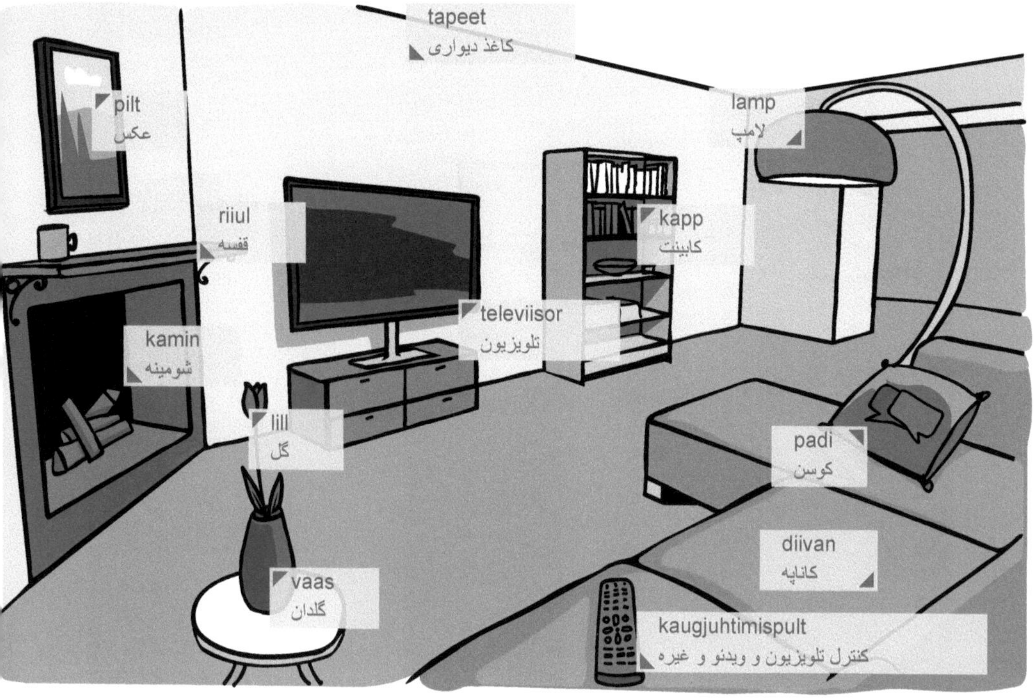

vaip
....
فرش

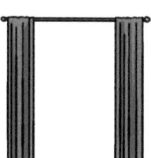

kardin
....
پرده

laud
....
میز

tool
....
صندلی

kiiktool
....
صندلی گهواره ایی

tugitool
....
صندلی راحتی

raamat

كتاب

tekk

لحاف

kaunistus

دكوراسيون

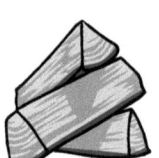

küttepuud

هيزم

film

فيلم

helisüsteem

دستگاه ضبط صوت

võti

كليد

ajaleht

روزنامه

maal

تابلو نقاشى

plakat

پوستر

raadio

راديو

märkmik

دفترچه يادداشت

tolmuimeja

جاروبرقى

kaktus

كاكتوس

küünal

شمع

köök
آشپزخانه

külmik
یخچال
mikrolaineahi
ماکروویو
köögikaal
röster
تُستر
pesuvahend
ماده شوینده و پاک کننده
ahi
فر خوراک پزی
sügavkülmik
جایخی
prügikast
سطل آشغال
nõudepesumasin
ماشین ظرفشویی

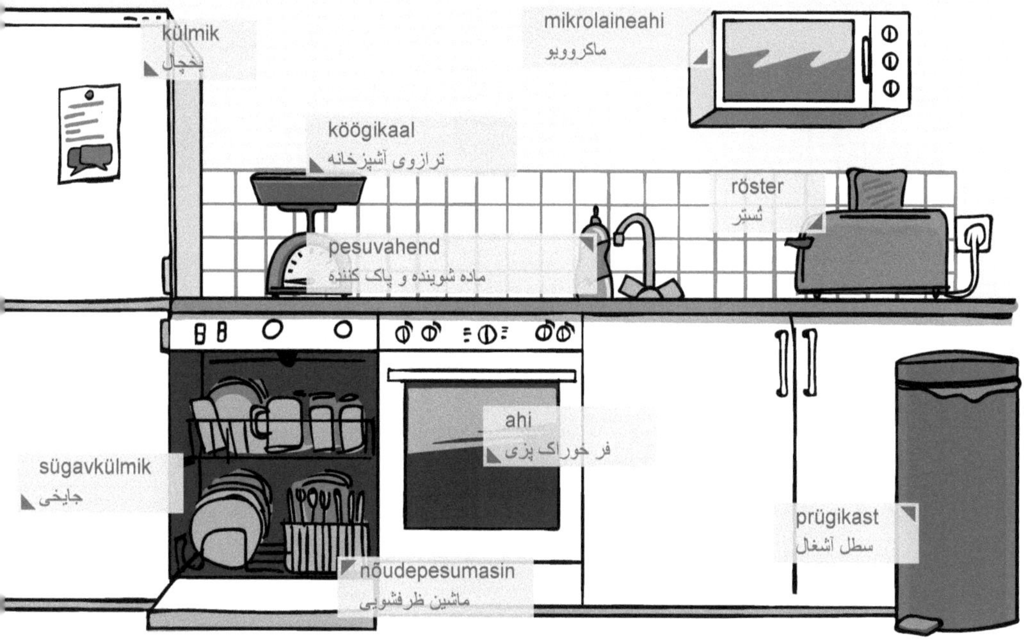

pliit

اجاق گاز

pott

قابلمه

malmpott

قابلمه چدنی

vokkpann

ماهی تابه گود

pann

ماهی تابه

veekeetja

کتری

aurutaja

بخارپز

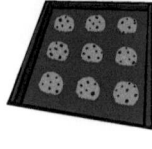

küpsetusplaat

سینی فر

lauanõud

ظرف چینی آشپزخانه

kruus

لیوان

kauss

کاسه

söögipulgad

چاپستیک

kulp

ملاقه

pannilabidas

کفگیر

vispel

همزن

kurn

آبکش

sõel

آبکش

riiv

رنده

uhmer

هاون

grill

باربیکیو

lahtine tuli

محل مخصوص افروختن آتش

lõikelaud

تخته گوشت و سبزی

tainarull

وردنه

korgitser

در بطری بازکن

konservipurk

قوطی

konserviavaja

در قوطی بازکن

pajakinnas

دستگیره پارچه ای

kraanikauss

سینک ظرفشویی

hari

برس گردگیری

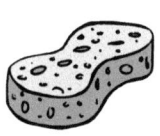

pesukäsn

اسفنج

kannmikser

مخلوط کن

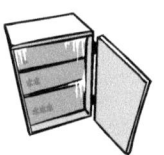

sügavkülmuti

فریزر

lutipudel

شیشه شیر بچه

segisti

شیر آب

vannituba

حمام

küte
بخاری
käterätik
حوله
mullivann
حمام کف
vann
وان حمام
pesumasin
ماشین لباسشویی
plaadid
کاشی
pissipott
لگن دستشویی کودکان
dušš
دوش
dušikardin
پرده ی حمام
klaas
لیوان
segisti
شیر آب
kraanikauss
سینک ظرفشویی

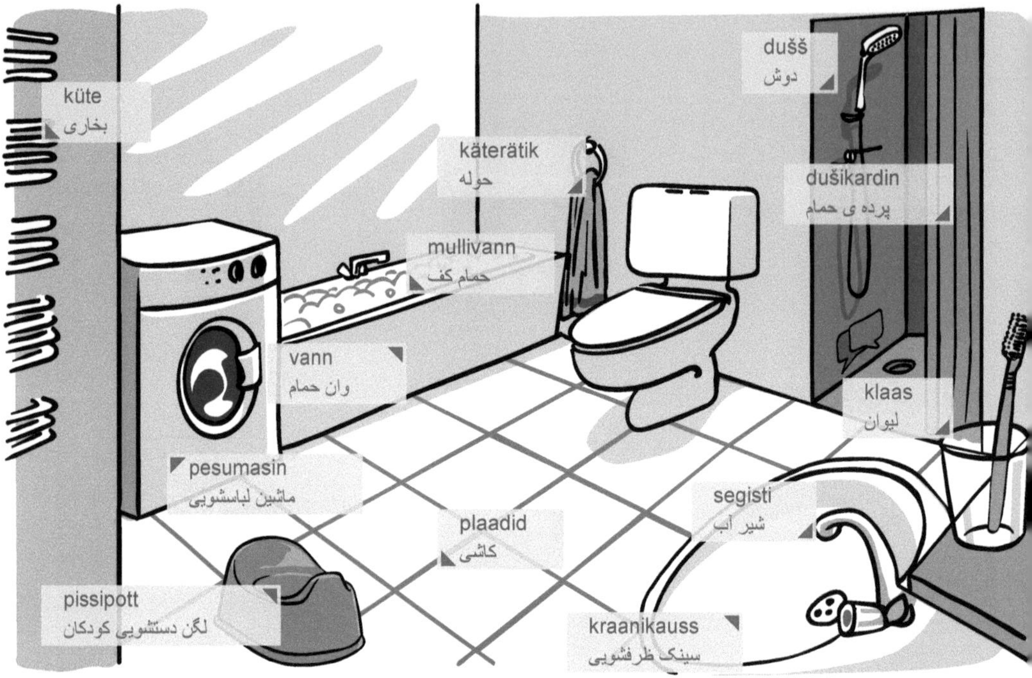

WC-pott
....
توالت

kükitamistualett
....
توالت ایرانی

bidee
....
کاسه توالت

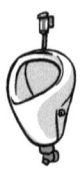

pissuaar
....
توالت مخصوص آقایان

tualettpaber
....
دستمال توالت

WC-hari
....
فرچه توالت

hambahari

مسواک

hambapasta

خمیردندان

hambaniit

نخ دندان

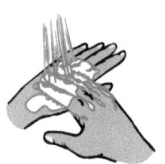

pesema

شستن

käsidušš

دوش آب تلفنی

intiimdušš

شلنگ توالت

pesukauss

لگن روشویی

seljahari

برس شست و شوی پشت

seep

صابون

dušigeel

شامپو بدن

šampoon

شامپو

vamm

لیف حمام

äravool

راه آب

kreem

کرم

deodorant

اسپری دئودورانت

peegel

آیینه

käsipeegel

آیینه ی کوچک دستی

habemenuga

تیغ ریش تراشی

raseerimisvaht

کف ریش‌تراشی

habemevesi

آفترشیو

kamm

شانه ی سر

hari

برس

föön

سشوار

juukselakk

اسپری مو

meigikomplekt

آرایش

huulepulk

رژلب

küünelakk

لاک ناخن

vatt

پنبه

küünekäärid

قیچی ناخن

parfüüm

عطر

tualett-tarvete kott

کیف لوازم آرایشی و بهداشتی

taburet

چهارپایه

kaal

ترازو

hommikumantel

حوله ی پالتویی

kummikindad

دستکش ظرفشویی

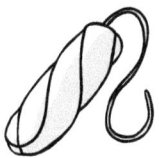

tampoon

تامپون

hügieeniside

نوار بهداشتی

keemiline tualett

توالت سیار

lastetuba

اتاق بچه

äratuskell
ساعت زنگدار
pehme mänguasi
نوعی عروسک نرم به شکل حیوانات
mänguauto
ماشین اسباب بازی
kõristi
جغجغه
nukumaja
خانه ی عروسکی
kingitus
کادو

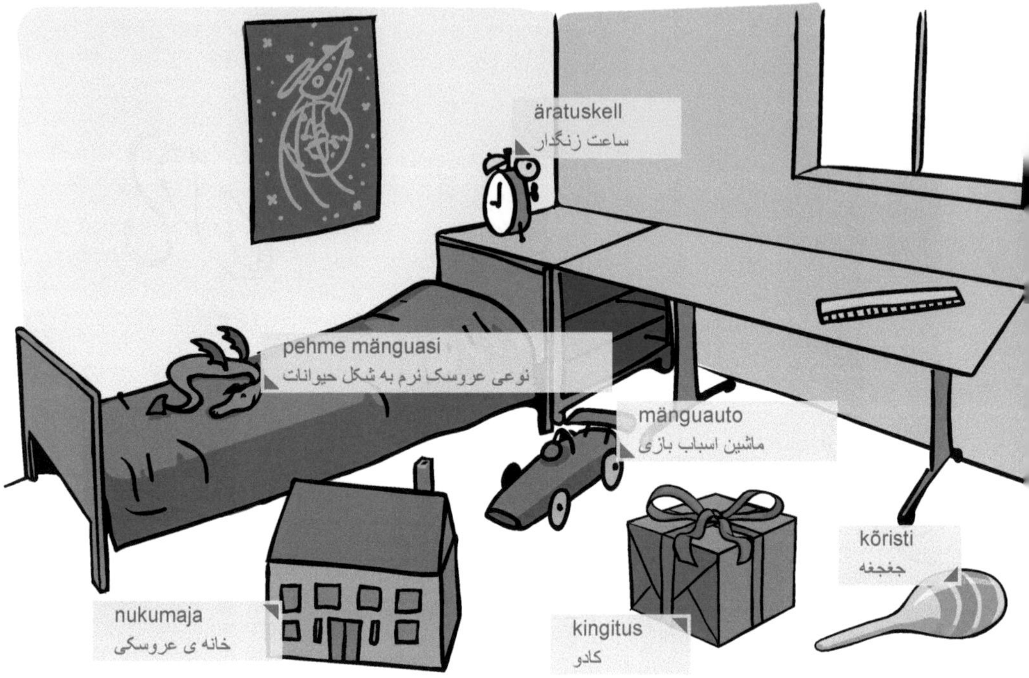

õhupall

بادکنک

voodi

تخت خواب

lapsevanker

کالسکه بچه

kaardipakk

بازی ورق

pusle

پازل

koomiks

داستان مصور

Lego klotsid

اسباب بازی لگو

klotsid

خانه سازی

kujuke

عروسک شخصیت های فیلم و کارتون

siputuspüksid

لباس نوزاد

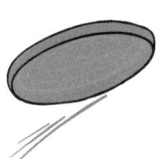

lendav taldrik

فریزبی

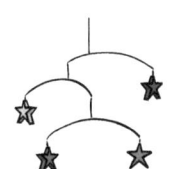

voodikarussell

نوعی اسباب بازی که روی تخت نوزاد
یا کودک نصب می شود

lauamäng

بازی روی صفحه

täringud

تاس

mudelrong

قطار اسباب بازی

lutt

پستانک

pidu

مهمانی

pildiraamat

کتاب مصور

pall

توپ

nukk

عروسک

mängima

بازی کردن

liivakast

جعبه شنی مخصوص بازی کودکان

kiik

تاب

mänguasjad

اسباب بازی

mängukonsool

کنسول بازی های کامپیوتری

kolmerattaline jalgratas

سه چرخه

mängukaru

خرس عروسکی

riidekapp

کمد لباس

riietus

لباس

sokid

جوراب

sukad

جوراب زنانه ساق بلند

sukkpüksid

جوراب شلواری

sall
شال

vöö
کمربند

vihmavari
چتر

T-särk
تی شرت

tossud
کفش ورزشی کتانی

saapad
پوتین

sussid
دمپایی

sandaalid
....
صندل

jalatsid
....
کفش

kummikud
....
چکمه پلاستیکی

aluspüksid
....
شرت

rinnahoidja
....
سوتین

vest
....
جلیقه

bodi

بادی

püksid

شلوار

teksapüksid

جین

seelik

دامن

pluus

بلوز

särk

پیراهن

sviiter

پولیور

dressipluus

سویی شرت

bleiser

نوعی کت

jakk

ژاکت

mantel

کت بلند

vihmamantel

بارانی

kostüüm

لباس نمایش

kleit

لباس

pulmakleit

لباس عروس

ülikond

كت و شلوار

öösärk

لباس خواب زنانه

pidžaama

پیژامه

sari

ساری

pearätt

روسری

turban

عمامه

burka

برقع

kaftan

قبا

abayah

عبا

ujumistrikoo

لباس شنا

ujumispüksid

شرت شنا

lühikesed püksid

شلوارک

dressid

لباس ورزشی

põll

پیشبند

kindad

دستکش

nööp

دكمه

prillid

عینک

käevõru

دستبند

kaelakee

گردنبند

sõrmus

انگشتر

kõrvarõngas

گوشواره

nokamüts

كلاه لبه دار

riidepuu

چوب لباسى

kaabu

كلاه

lips

كراوات

tõmblukk

زیپ

kiiver

كلاه ايمنى

traksid

بند شلوار

koolivorm

لباس مدرسه

vormirõivad

لباس فرم

pudipõll

پیش بند بچه

lutt

پستانک

mähe

پوشک بچه

kontor

اداره

server
سرور
arhiivikapp
کمد نگهداری پرونده
printer
چاپگر
paber
کاغذ
monitor
مانیتور
kirjutuslaud
میز تحریر
hiir
ماوس
kaust
زونکن
klaviatuur
صفحه کلید
tool
صندلی
paberikorv
سبد کاغذ باطله
arvuti
کامپیوتر

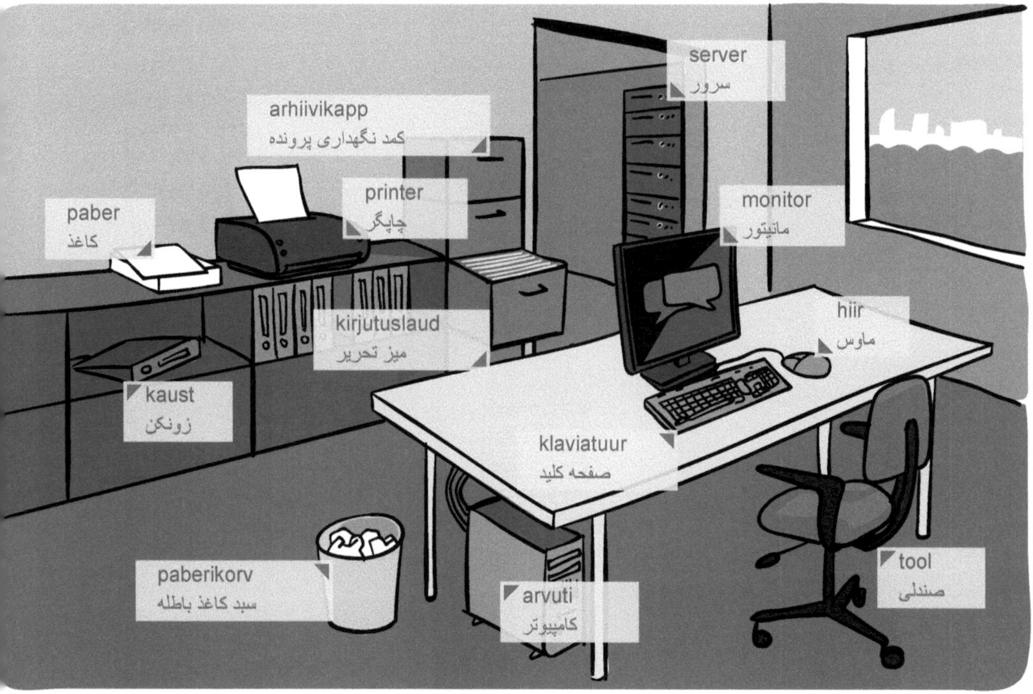

kohvikruus

لیوان قهوه

kalkulaator

ماشین حساب

internet

اینترنت

sülearvuti

لپ تاپ

kiri

نامه

sõnum

پیغام

mobiiltelefon

تلفن همراه

võrk

شبکه ی ارتباطی

koopiamasin

دستگاه فتوکپی

tarkvara

نرم افزار

telefon

تلفن

pistikupesa

پریز

faksimasin

دستگاه فاکس

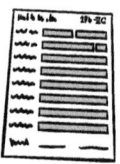

vorm

فرم

dokument

مدرک

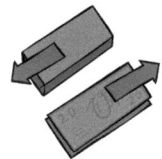

ostma

خریدن

maksma

پرداخت کردن

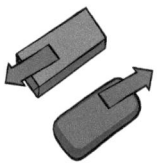

vahetama

تجارت کردن

raha

پول

dollar

دلار

euro

یورو

jeen

ین

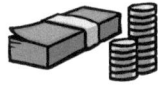

rubla

روبل

Šveitsi frank

فرانک سوئیس

renminbi jüaan

یوان رنمینبی

ruupia

روپیه

sularahaautomaat

دستگاه خودپرداز

valuutavahetuspunkt

صرافی

kuld

طلا

hõbe

نقره

nafta

نفت

energia

انرژی

hind

قیمت

leping

قرارداد

maks

مالیات

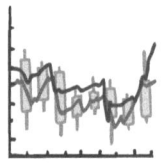

aktsia

سهام سرمایه

töötama

کار کردن

töötaja

کارمند

tööandja

کارفرما

tehas

کارخانه

kauplus

مغازه

ametid
مشاغل

politseinik
مامور پلیس
tuletõrjuja
آتش نشان
kokk
آشپز
arst
دکتر
piloot
خلبان

aednik
باغبان

puusepp
نجار

õmbleja
خیاط زنانه

kohtunik
قاضی

keemik
شیمیدان

näitleja
بازیگر

bussijuht

راننده اتوبوس

taksojuht

راننده تاکسی

kalamees

ماهیگیر

koristaja

نظافتچی زن

katusepaigaldaja

سقف ساز

kelner

پیشخدمت رستوران

jahimees

شکارچی

maaler

نقاش

pagar

نانوا

elektrik

برقکار

ehitaja

کارگر ساختمانی

insener

مهندس

lihunik

قصاب

torumees

لوله کش

postiljon

پستچی

sõdur

سرباز

arhitekt

معمار

kassapidaja

صندوقدار

lillemüüja

گل فروش

juuksur

آرایشگر

piletikontrolör

مامور کنترل بلیط در قطار

mehaanik

مکانیک

kapten

ناخدا

hambaarst

دندانپزشک

teadlane

دانشمند

rabi

عالم یهودی

imaam

امام

munk

راهب

preester

کشیش

tööriistad
ابزارآلات

haamer
چکش
tangid
انبردست
kruvikeeraja
پیچ گوشتی
mutrivõti
آچار
taskulamp
چراغ قوه

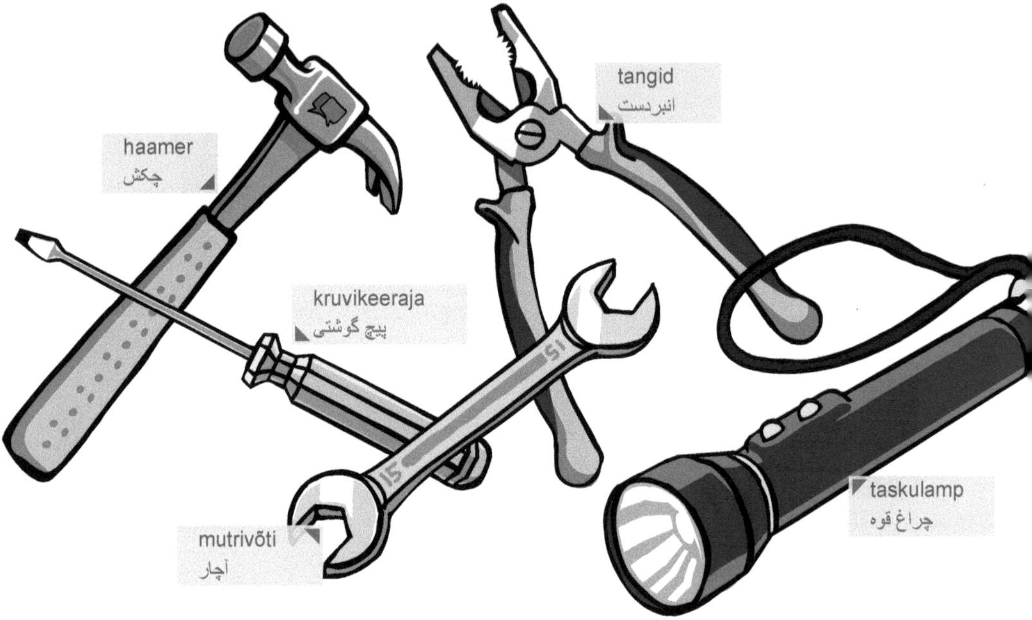

ekskavaator

بیل مکانیکی

tööriistakast

جعبه ابزار

redel

نردبان

saag

ارّه

naelad

میخ

trell

مته

parandama

تعمیر کردن

labidas

بیل

Põrgusse!

لعنتی!

kühvel

خاک انداز

värvipott

سطل رنگرزی

kruvid

پیچ

pillid

آلات موسیقی

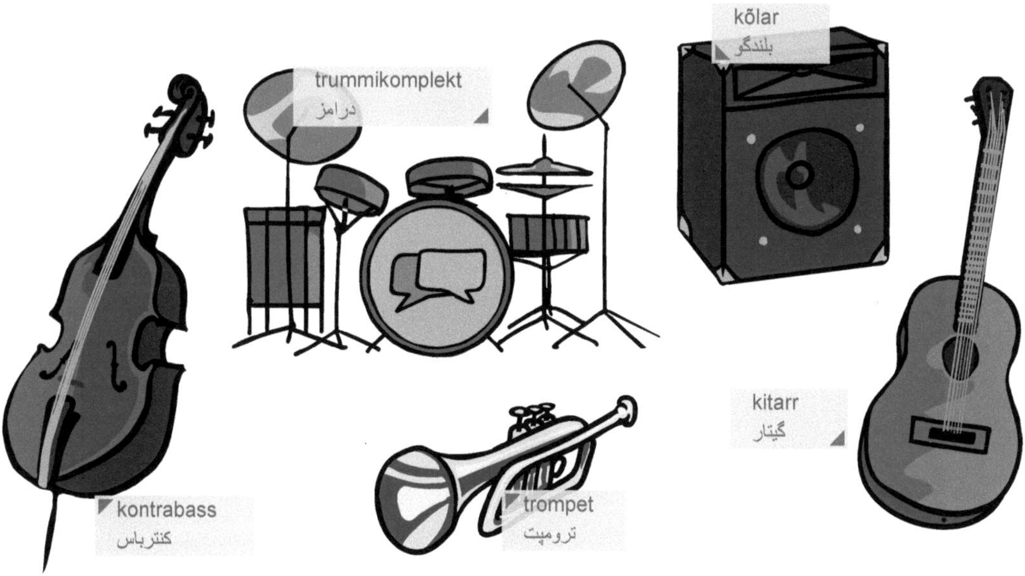

trummikomplekt
درامز

kõlar
بلندگو

kitarr
گیتار

kontrabass
کنتر باس

trompet
ترومپت

klaver

پیانو

viiul

ویولن

bass

گیتار بیس

timpan

تیمپانی

trummid

طبل

süntesaator

کیبورد الکتریک

saksofon

ساکسیفون

flööt

فلوت

mikrofon

میکروفون

loomaaed
باغ وحش

tiiger
ببر
sissepääs
ورودی
puur
قفس
sebra
گورخر
loomasööt
خوراک حیوانات
panda
خرس پاندا

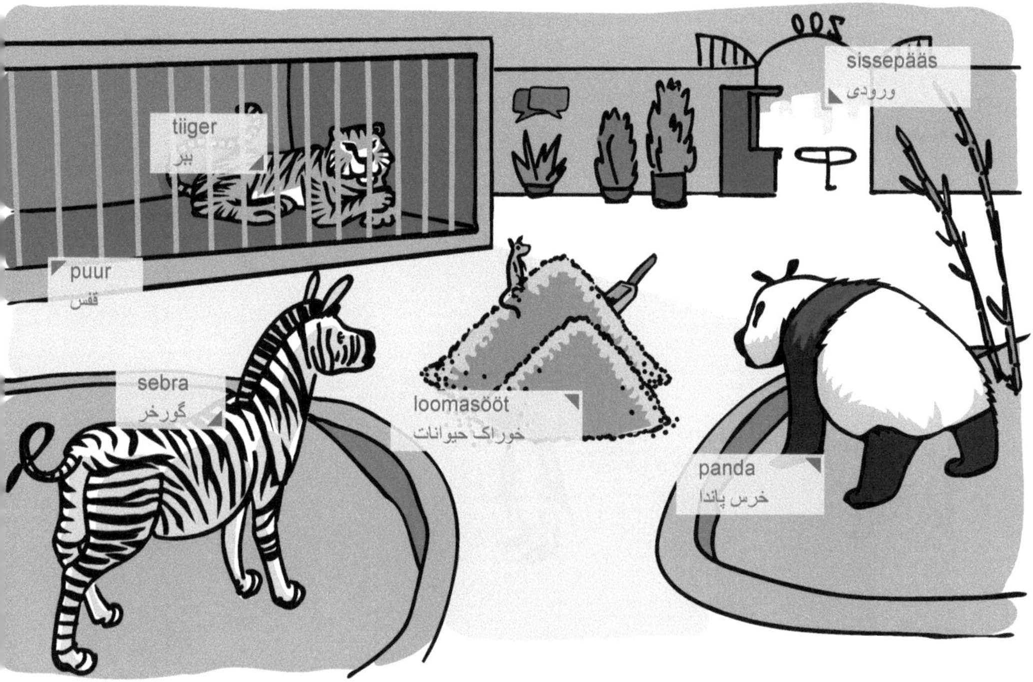

loomad
حیوانات

elevant
فیل

känguru
کانگورو

ninasarvik
کرگدن

gorilla
گوریل

karu
خرس

kaamel

شتر

jaanalind

شترمرغ

lõvi

شیر

ahv

میمون

flamingo

فلامینگو

papagoi

طوطی

jääkaru

خرس قطبی

pingviin

پنگوئن

hai

کوسه

paabulind

طاووس

madu

مار

krokodill

تمساح

loomaaiatalitaja

نگهبان باغ وحش

hüljes

خوک آبی

jaaguar

پلنگ امریکایی

poni

اسب کوچک

leopard

پلنگ

jõehobu

اسب آبی

kaelkirjak

زرافه

kotkas

عقاب

metssiga

گراز

kala

ماهی

kilpkonn

لاک پشت

morsk

شیرماهی

rebane

روباه

gasell

غزال

sport

ورزش ها

Ameerika jalgpall
فوتبال آمریکایی
jalgrattasõit
دوچرخه سواری
tennis
تنیس
korvpall
بسکتبال
ujumine
شنا
jäähoki
هاکی روی یخ
poksimine
بوکس

jalgpall

فوتبال

sulgpall

بدمینتون

kergejõustik

دوومیدانی

käsipall

هندبال

suusatamine

اسکی

polo

پولو

naerma
خندیدن

hüppama
پریدن

kallistama
بغل کردن

jalutama
راه رفتن

laulma
آواز خواندن

unistama
رؤیا دیدن

palvetama
دعا کردن

suudlema
بوسیدن

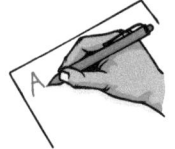

kirjutama

نوشتن

joonistama

رسم کردن

näitama

نشان دادن

lükkama

هل دادن

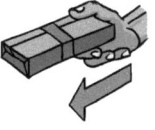

andma

دادن

võtma

برداشتن

omama

داشتن

tegema

انجام دادن

olema

بودن

seisma

ایستادن

jooksma

دویدن

tõmbama

کشیدن

viskama

پرتاب کردن

kukkuma

افتادن

lamama

دراز کشیدن

ootama

منتظر بودن

kandma

حمل کردن

istuma

نشستن

riidesse panema

لباس پوشیدن

magama

خوابیدن

ärkama

بیدار شدن

vaatama

تماشا کردن

nutma

گریه کردن

paitama

نوازش کردن

kammima

شانه کردن

rääkima

حرف زدن

aru saama

فهمیدن

küsima

پرسیدن

kuulama

شنیدن

jooma

آشامیدن

sööma

خوردن

korrastama

مرتب کردن

armastama

عاشق بودن

süüa tegema

پختن

sõitma

رانندگی کردن

lendama

پرواز کردن

purjetama

قایقرانی کردن

arvutama

محاسبه کردن

lugema

خواندن

õppima

یاد گرفتن

töötama

کار کردن

abielluma

ازدواج کردن

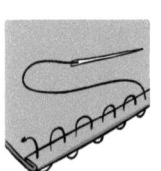

õmblema

دوختن

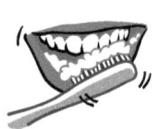

hambaid pesema

مسواک زدن

tapma

کشتن

suitsetama

سیگار کشیدن

saatma

فرستادن

perekond

خانواده

vanaema
مادربزرگ
vanaisa
پدربزرگ
isa
پدر
ema
مادر
imik
کودک
tütar
فرزند دختر
poeg
فرزند پسر

külaline

مهمان

tädi

خاله، عمه

onu

دایی، عمو

vend

برادر

õde

خواهر

keha

بدن

otsmik
پیشانی
silm
چشم
nägu
صورت
lõug
چانه
rind
سینه
sõrm
انگشت دست
käsi
دست
käsivars
بازو
õlg
شانه
jalg
ساق پا

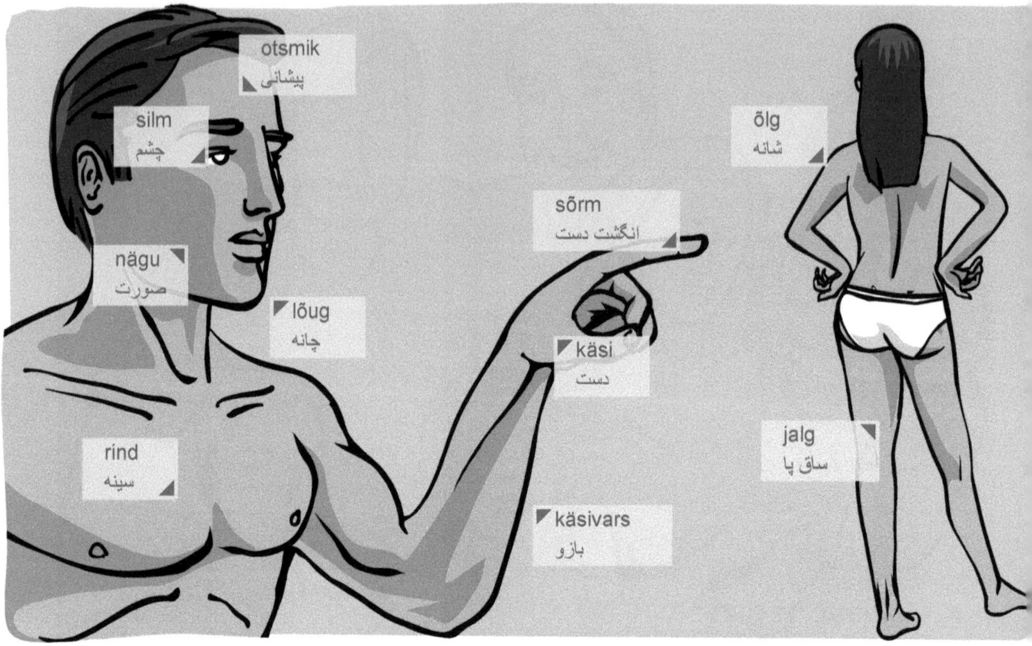

imik

کودک

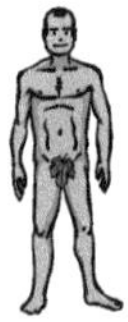

mees

مرد

naine

زن

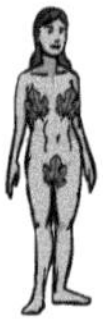

tüdruk

دخترچه

poiss

پسربچه

pea

کله

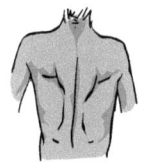

selg

كمر

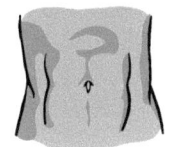

kõht

شكم

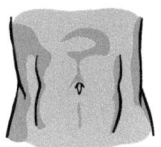

naba

ناف

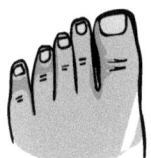

varvas

انگشت پا

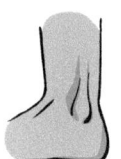

kand

پاشنه

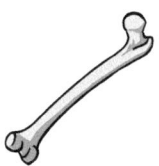

luu

استخوان

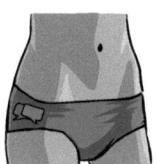

puus

لگن

põlv

زانو

küünarnukk

آرنج

nina

بینی

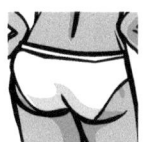

tagumik

نشیمنگاه

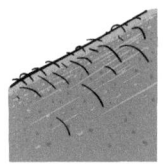

nahk

پوست

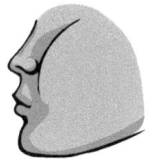

põsk

گونه

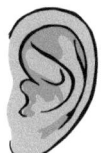

kõrv

گوش

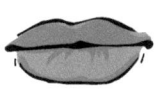

huuled

لب

suu

دهان

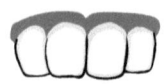

hammas

دندان

keel

زبان

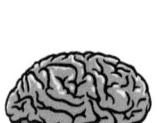

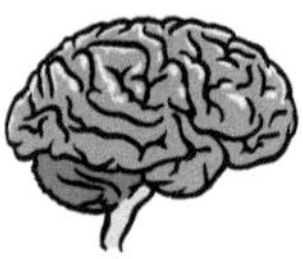

aju

مغز

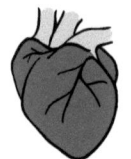

süda

قلب

lihas

عضله

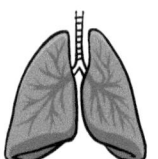

kops

ریه

maks

کبد

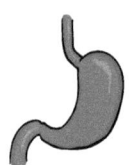

magu

معده

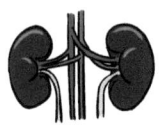

neerud

کلیه

seksuaalvahekord

آمیزش جنسی

kondoom

کاندوم

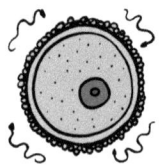

munarakk

تخمک

sperma

اسپرم

rasedus

حاملگی

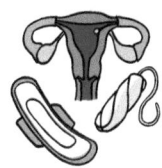

menstruatsioon

پریود

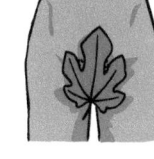

vagiina

واژن

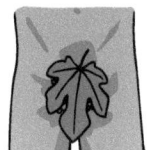

peenis

آلت تناسلی مرد

kulm

ابرو

juuksed

مو

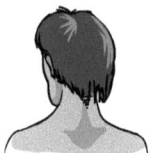

kael

گردن

haigla
بیمارستان

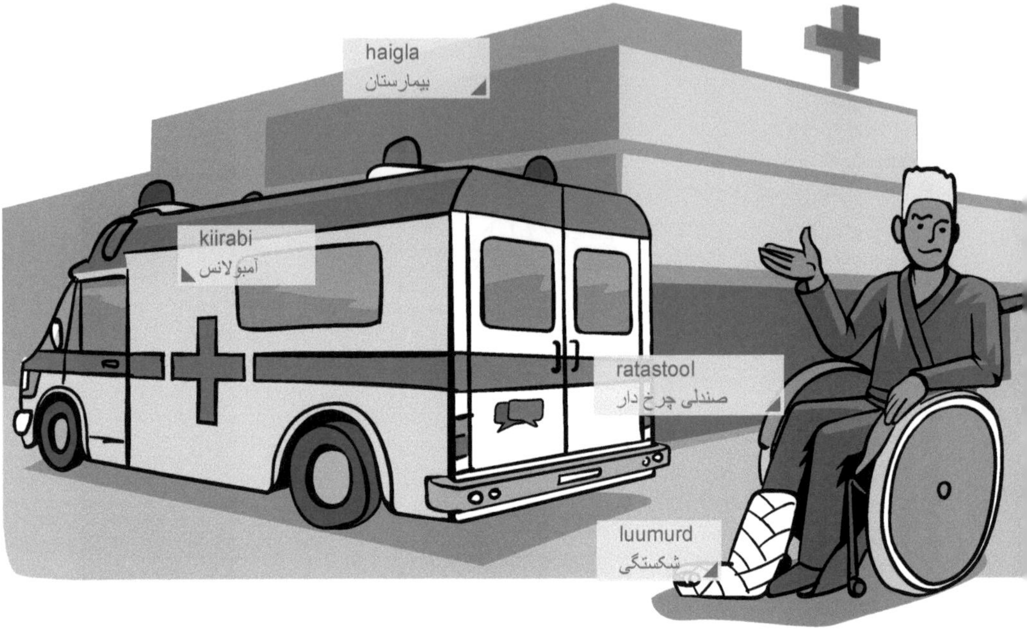

haigla
بیمارستان
kiirabi
آمبولانس
ratastool
صندلی چرخ دار
luumurd
شکستگی

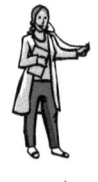

arst
دکتر

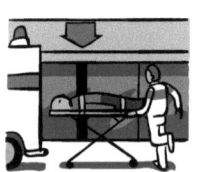

traumapunkt
بخش اورژانس

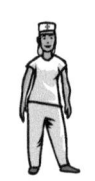

meditsiiniõde
پرستار

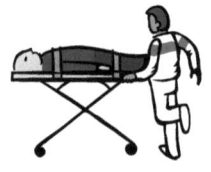

hädaolukord
موقعیت اضطراری

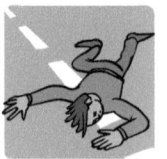

teadvuseta
بی هوش

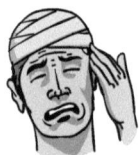

valu
درد

vigastus

مصدومیت

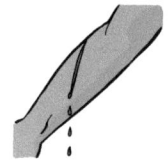

verejooks

خونریزی

südamerabandus

سکته قلبی

insult

سکته مغزی

allergia

آلرژی

köha

سرفه

palavik

تب

gripp

آنفولانزا

kõhulahtisus

اسهال

peavalu

سردرد

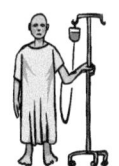

vähk

سرطان

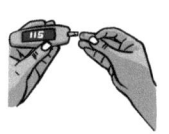

diabeet

دیابت

kirurg

جراح

skalpell

چاقوی جراحی

operatsioon

عمل جراحی

KT

سی تی اسکن

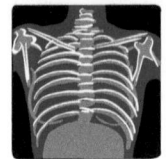

röntgen

پرتونگاری

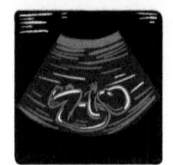

ultraheli

سونوگرافی

mask

ماسک صورت

haigus

بیماری

ooteruum

اتاق انتظار

kark

چوب زیر بغل

kips

چسب زخم

side

پانسمان

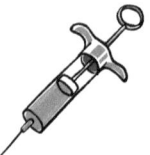

süst

تزریق

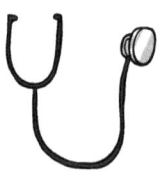

stetoskoop

گوشی طبی

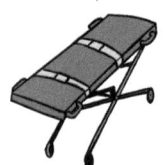

kanderaam

برانکار

kraadiklaas

دماسنج

sünd

زایش

ülekaaluline

اضافه وزن

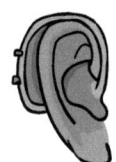

kuuldeaparaat

سمعک

desinfektsioonivahend

ماده ضد غفونی کننده

põletik

عفونت

viirus

ویروس

HIV / AIDS

اچ آی وی / ایدز

meditsiin

دارو

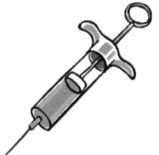

vaktsineerimine

واکسیناسیون

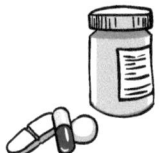

tabletid

قرص

pill

قرص ضد حاملگی

hädaabikõne

تماس اظطراری

vererõhuaparaat

دستگاه اندازه گیری فشارخون

haige / terve

مریض / سالم

hädaolukord

موقعیت اضطراری

Appi!

!کمک

häire

آژیر خطر

kallaletung

حمله

rünnak

حمله ی فیزیکی

oht

خطر

avariiväljapääs

خروج اظطراری

Tulekahju!

آتش

tulekustuti

کپسول آتش‌نشانی

õnnetus

تصادف

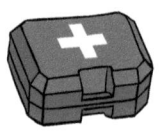

esmaabikomplekt

جعبه کمک های اولیه

SOS

درخواست کمک

politsei

پلیس

Maa

کره زمین

Euroopa

اروپا

Põhja-Ameerika

آمریکای شمالی

Lõuna-Ameerika

آمریکای جنوبی

Aafrika

آفریقا

Aasia

آسیا

Austraalia

استرالیا

Atlandi ookean

اقیا نوس اطلس

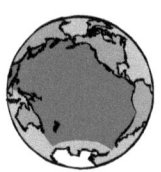

Vaikne ookean

اقیانوس آرام

India ookean

اقیانوس هند

Lõuna-Jäämeri

اقیا نوس اطلس جنوبی

Põhja-Jäämeri

اقیانوس منجمد شمالی

põhjapoolus

قطب شمال

lõunapoolus

قطب جنوب

Antarktika

قاره قطب جنوب

Maa

کره زمین

maismaa

سرزمین

meri

دریا

saar

جزیره

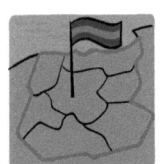

rahvus

ملت

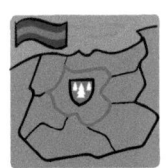

riik

کشور

kell

ساعت

sihverplaat

صفحه ی ساعت

tunniosuti

ساعت شمار

minutiosuti

دقیقه شمار

sekundiosuti

ثانیه شمار

Mis kell on?

ساعت چند است؟

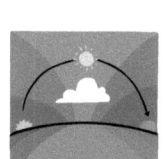

päev

روز

aeg

زمان

praegu

اکنون

digitaalne kell

ساعت دیجیتال

minut

دقیقه

tund

ساعت

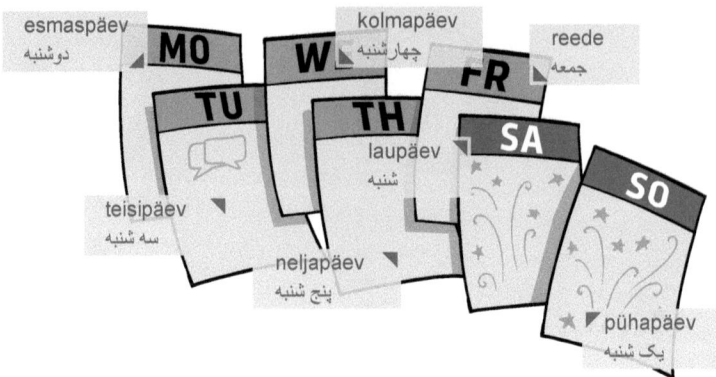

nädal

هفته

esmaspäev
دوشنبه
MO
kolmapäev
چهارشنبه
W
reede
جمعه
FR
TU
TH
laupäev
شنبه
SA
teisipäev
سه شنبه
neljapäev
پنج شنبه
pühapäev
یک شنبه

1

eile
....
دیروز

2

täna
....
امروز

3

homme
....
فردا

hommik
....
صبح

lõuna
....
ظهر

õhtu
....
غروب

MO TU WE TH FR SA SU
1 2 3 4 5 6 7
8 9 10 11 12 13 14
15 16 17 18 19 20 21
22 23 24 25 26 27 28
29 30 31 1 2 3 4

tööpäevad
....
روزهای کاری

MO TU WE TH FR SA SU
1 2 3 4 5 6 7
8 9 10 11 12 13 14
15 16 17 18 19 20 21
22 23 24 25 26 27 28
29 30 31 1 2 3 4

nädalavahetus
....
آخر هفته

aasta

سال

vihm
باران
vikerkaar
رنگین کمان
lumi
برف
tuul
باد
kevad
بهار
sügis
پاییز
suvi
تابستان
talv
زمستان

4.APRIL	11°	
5.APRIL	4°	
6.APRIL	13°	
7.APRIL	8°	
8.APRIL	10°	

ilmaennustus

پیش‌بینی اوضاع جوی

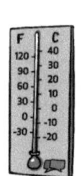

termomeeter

دماسنج

päikesepaiste

تابش آفتاب

pilv

ابر

udu

مه

niiskus

رطوبت هوا

pikne

صاعقه

kõu

آسمان غره

torm

طوفان

rahe

تگرگ

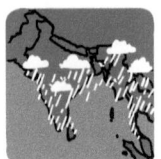

mussoon

باد موسمی

üleujutus

سیل

jää

یخ

jaanuar

ژانویه

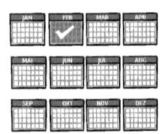

veebruar

فوریه

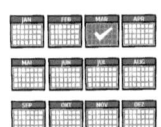

märts

مارس

aprill

آوریل

mai

مه

juuni

ژوئن

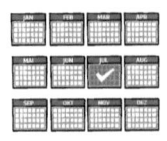

juuli

ژوئیه

august

آگوست

september

سپتامبر

oktoober

اُکتبر

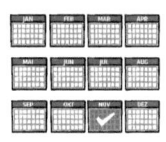

november

نوامبر

detsember

دسامبر

kujundid

آشکال

ring

دایره

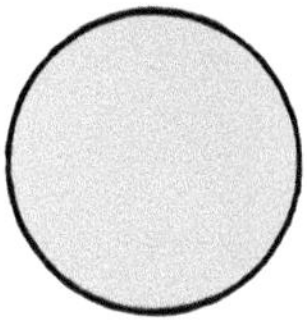

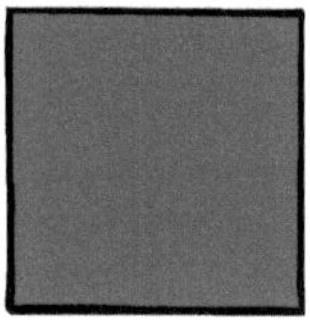

ruut

مربع

nelinurk

مستطیل

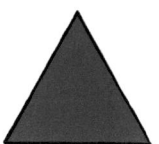

kolmnurk

سه گوش

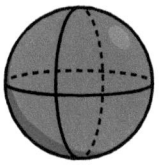

kera

گره

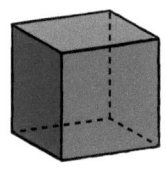

kuup

مکعب مربع

värvid
رنگ ها

valge

سفید

kollane

زرد

oranž

نارنجی

roosa

صورتی

punane

قرمز

lilla

بنفش

sinine

آبی

roheline

سبز

pruun

قهوه ای

hall

خاکستری

must

سیاه

palju / vähe

خیلی / کم

vihane / rahulik

خشمگین/ آرام

ilus / inetu

زیبا / زشت

algus / lõpp

شروع / پایان

suur / väike

بزرگ / کوچک

hele / tume

روشن / تیره

vend / õde

برادر / خواهر

puhas / must

تمیز / آلوده

täielik / puudulik

کامل / ناقص

päev / öö

روز / شب

surnud / elus

مرده / زنده

lai / kitsas

پهن / باریک

söödav / mittesöödav

قابل خوردن / غیر قابل خوردن

kuri / sõbralik

غضبناک / مهربان

põnevil / tüdinud

هیجان زده / بی حوصله

paks / peenike

چاق / لاغر

esimene / viimane

اولین / آخرین

sõber / vaenlane

دوست / دشمن

täis / tühi

پر / خالی

kõva / pehme

سفت / نرم

raske / kerge

سنگین / سبک

nälg / janu

گرسنگی / تشنگی

haige / terve

مریض / سالم

ebaseaduslik / seaduslik

غیرقانونی / قانونی

tark / rumal

باهوش / خنگ

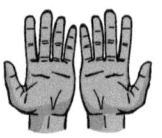

vasak / parem

چپ / راست

lähedal / kaugel

نزدیک / دور

uus / kasutatud

نو / استفاده شده

mitte midagi / midagi

هیچ چیز / چیزی

vana / noor

پیر / جوان

sees / väljas

روشن / خاموش

lahti / kinni

باز / بسته

vaikne / vali

آهسته / بلند

rikas / vaene

ثروتمند / فقیر

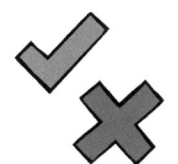

õige / vale

درست / غلط

kare / sile

زبر / صاف

kurb / rõõmus

غمگین / خوشحال

lühike / pikk

کوتاه / بلند

aeglane / kiire

کند / تند

märg / kuiv

تر / خشک

soe / jahe

گرم / خنک

sõda / rahu

جنگ / صلح

numbrid

اعداد

0

null
....
صفر

1

üks
....
یک

2

kaks
....
دو

3

kolm
....
سه

4

neli
....
چهار

5

viis
....
پنج

6

kuus
....
شش

7

seitse
....
هفت

8

kaheksa
....
هشت

9

üheksa
....
نه

10

kümme
....
دَه

11

üksteist
....
یازده

12

kaksteist

دوازده

13

kolmteist

سیزده

14

neliteist

چهارده

15

viisteist

پانزده

16

kuusteist

شانزده

17

seitseteist

هفده

18

kaheksateist

هجده

19

üheksateist

نوزده

20

kakskümmend

بیست

100

sada

صد

1.000

tuhat

هزار

1.000.000

miljon

میلیون

keeled
زبان ها

inglise

انگلیسی

Ameerika inglise

انگلیسی آمریکایی

mandariini

چینی ماندارین

hindi

هندی

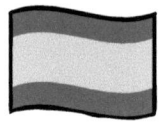

hispaania

اسپانیایی

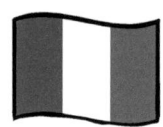

prantsuse

فرانسوی

araabia

عربی

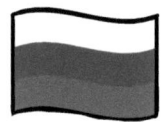

vene

روسی

portugali

پرتغالی

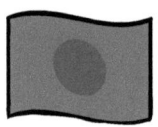

bengali

بنگالی

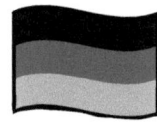

saksa

آلمانی

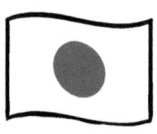

jaapani

ژاپنی

kes / mis / kuidas

چه کسی / چه چیزی / چگونه

mina

من

sina

تو

tema

او

meie

ما

teie

شما

nemad

آنها

kes?

چه کسی؟ کی؟

mis?

چی؟

kuidas?

چگونه؟

kus?

کجا؟

millal?

کِی؟

nimi

نام

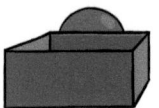

kus

کجا

taga

پشت

sees

توی

ees

جلو

kohal

بالای

peal

روی

all

زیر

kõrval

مجاور

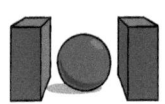

vahel

بین

koht

مکان